VIII Certamen internacional de pintura
Manuel Ángeles Ortiz

2023

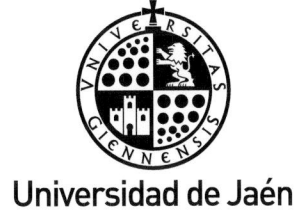

Universidad de Jaén

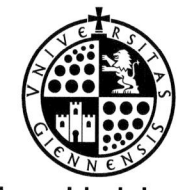

Universidad de Jaén

RECTOR MAGNÍFICO DE LA UNIVERSIDAD DE JAÉN	Nicolás Ruiz Reyes
VICERRECTORA DE CULTURA	Marta Torres Martínez
SECRETARIADO DE ACTIDADES CULTURALES Y AULA ABIERTA	M.ª Isabel Abad Martínez
SECRETARIADO DE EDITORIAL UNIVERSITARIA Y PROYECCIÓN DE LA CULTURA	Javier Marín López

JURADO

PRESIDENTE	Pedro A. Galera Andreu
SECRETARIO	Jesús Conde Ayala
VOCALES	José Luis Puche
	Santiago Ydáñez
	Mira Bernabéu

EXPOSICIÓN	Servicio de Actividades Culturales
MONTAJE	Arquimera S. L.

EDICIÓN	© Universidad de Jaén
	1.ª edición, febrero 2024
	Publicaciones de la Universidad de Jaén
	Vicerrectorado de Cultura
	Servicio de Actividades Culturales
FOTOGRAFÍAS	Néstor Prieto Jiménez
	Fernando Mármol Hueso

IMPRESIÓN	Gráficas La Paz de Torredonjimeno, S. L.
ISBN	978-84-9159-587-8
Depósito Legal	J-106-2024

Impreso en España / *Printed in Spain*

La Universidad de Jaén convoca, desde 2016, los Premios de Creación Artística y Literaria que incluyen el Certamen Internacional de Pintura "Manuel Ángeles Ortiz", en honor a este pintor giennense de proyección internacional. Con él se pretende apoyar la realización de proyectos en el ámbito de las artes plásticas, fomentar e impulsar la actividad creadora contemporánea y posibilitar la adquisición de obras de arte de calidad para enriquecer la colección patrimonial de la Universidad de Jaén.

El certamen implica la celebración de una exposición de las obras seleccionadas al término de la convocatoria, entre las que se eligen las que recibirán los tres premios contemplados.

En 2023, celebramos la octava edición de este concurso, ya consolidado, y a ella han concurrido un centenar de propuestas, de las que se han escogido un total de 16. La alta calidad de las obras seleccionadas responde a la poliédrica línea de tendencias que caracteriza actualmente al panorama artístico. Además, la muestra se presenta variada también en lo que respecta al origen de los artistas que la integran, nacionales e internacionales, con diversa formación y trayectoria.

En mi calidad de rector de la Universidad de Jaén, quiero agradecer la participación a todos los artistas, especialmente, a los seleccionados y, de manera particular, a los ganadores.

El primer premio ha sido concedido al artista onubense Agus Díaz Vázquez (1987) por la obra *El Pájaro Rojo* (2023), en la que prima la expresión a través de la saturación del color y las formas recortadas sobre el fondo, de fuerte impacto visual.

El segundo premio se ha otorgado al pintor gaditano Ignacio Estudillo Pérez (1985) por la obra *+Flashy* (2022), que combina con sutileza de luz y color una temática vegetal, homenaje puro a la pintura.

Ambos convergen en la técnica, si bien con formas y significados diferentes. Los dos ganadores representan el talento, el empuje y la determinación de las nuevas generaciones artísticas de nuestro país.

Desafortunadamente, el premio destinado a artistas giennenses menores de 35 años ha quedado desierto en esta edición.

Finalmente, agradezco la disponibilidad e implicación de los miembros del jurado, compuesto en esta edición por Pedro Galera, Jesús Conde, José Luis Puche, Santiago Ydáñez y Mira Bernabéu.

En definitiva, la Universidad de Jaén prioriza su fuerte compromiso con la Cultura al alzarse como una de las misiones que debe desarrollarse en el territorio más inmediato, con el fin de devolverle a la sociedad parte de lo invertido en el desarrollo del saber.

Nicolás Ruiz Reyes
Rector Magnífico de la Universidad de Jaén

Un año más, el Certamen de pintura "Manuel Ángeles Ortiz", que patrocina la Universidad de Jaén en su octava edición, ha conseguido reunir un brillante elenco de obra muy representativa del arte actual, no solo de lo que se hace en España, sino en el ámbito internacional, por otra parte lógico, en un mundo tan intensamente interconectado. Más de cien obras presentadas, de las que se han seleccionado dieciséis para la exposición y de las que habían de salir las dos premiadas. Obvio es decir que lo expuesto es susceptible, en su práctica totalidad, de poder haberse alzado con el galardón y, en consecuencia, también resulta obvio la dificultad para el jurado de la elección final. Conviene resaltar, en este sentido, la concurrencia entre artistas con una larga trayectoria, bien consolidada, y los de generaciones más jóvenes, no sin un sólido palmarés en premios y reconocimientos; pintores provenientes de los cuatro puntos cardinales del país y asimismo la presencia de otros, que, aún asentados en la península, son de ascendencia tan lejana como Taiwán o Corea, de algún modo también perceptible en su obra.

La Muestra se hace eco de la variedad de tendencias dominantes en el proteico panorama de la pintura que se realiza ahora mismo, basculante entre formas figurativas y no figurativas; manifestaciones de la más pura abstracción, sutiles y densas, ya sea por medio de la línea o de la materia, caso de Salvador Jiménez-Donaire (*Sin título*) o de Adrián Jorques (*Entre dos blancos*) o la del veterano Juan Pita (*Variaciones sobre el caos*), metáfora explosiva de intensidad tonal; construcciones geométricas no exentas de un lirismo hermético: *Recuerdos de pétalos y palomas*, de Enrique Rodríguez García (Guzpeña) o la vibrante composición *Sol y arco de herradura*, de Ramón David Morales y el enigmático entramado de *Espacio para el deseo-XV*, de José Antonio Montecino (Monte), que acentúa su irregular formato y la contrastada bicromía. El misterio se busca también, pero con distinto lenguaje, en la forma hiperrealista e hipnótica de *Behind the Curtain*, de Pablo Fernández-Pujol. Inquietante, en cierto modo, resulta *Glithland 3/07*, de Julio Sarramián, un paisaje de montaña, que en su austeridad de línea y planitud de color, evoca los gélidos paisajes alpinos con una técnica que imita a la fotografía infrarroja y al esquematismo infográfico. De manera más dramática la figura humana hace su aparición entre la tipografía y un magma amorfo de manchas negras y blancas en *Espectro II,* de Josep Tornero. La mirada oriental de Mingyi Chou (Mingyi) nos revela, en cambio, un concepto distinto, por forma y color, de la naturaleza en *El jardín de Chino,* en tanto que Kihong Chung recupera la gestualidad del pictograma en *Infinitud,* resuelto técnicamente con tinta china. La cuestión de género aflora en dos obras muy distintas en concepto y técnica, *Sin Título (Artemisia Gentileschi 2,* de María Carbonell, lo hace de forma abstracta con elementos figurativos inconexos en lo que podríamos llamar un homenaje a la "pintura", metafóricamente encarnada en la trágica biografía de Artemisia Gentileschi. Por su parte, Pepa Cano aborda el tema con formas, técnica y materiales de convencional femineidad, no exenta de ironía, en *La niña de los peines en el primer concurso de cante jondo 1922.*

Pero, por encima de las tendencias y los procedimientos, creo, y así lo ha estimado el jurado, predomina en todo lo presentado el homenaje a la pintura, a su lenguaje, a su esencial condición. De modo específico y destacado, se han elegido las obras ganadoras: *+Flashy* y *El pájaro rojo,* segundo y primer premio, respectivamente, de las que son autores Ignacio Estudillo Pérez y Agus Díaz Vázquez. Estudillo es un formidable retratista y ganador de numerosos y prestigiosos concursos nacionales e internacionales. Esta obra, *+ Flashy,* forma parte de su reciente trabajo en torno al paisaje, con el que ya ha obtenido excelentes resultados, como el premio Díaz-Caneja (2018). En realidad, el concepto paisaje es discutible aplicado a estos cuadros en la medida que se distancia de la idea convencional de "paisaje" como descripción narrativa de una geografía (recordemos que los siglos de oro de la pintura española a este tipo de representaciones se les denominaba "países"). El pintor, por el contrario, elije elementos vegetales, flores, hojas, tallos…mezclados sin un aparente orden. Es decir,

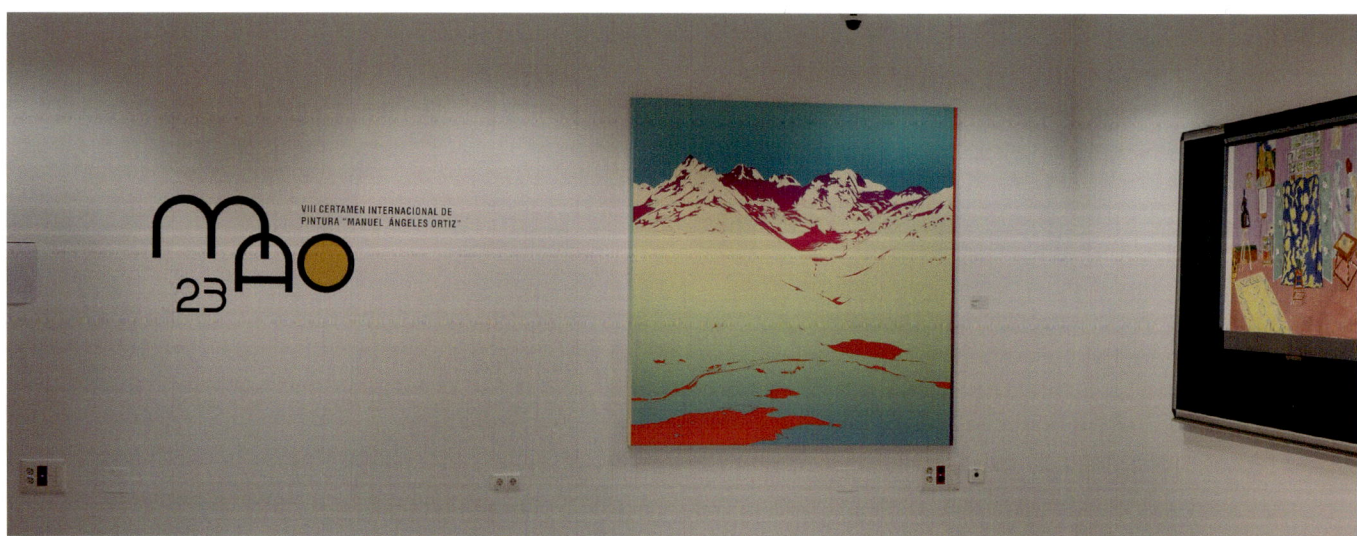

fragmentos de naturaleza. La mirada fragmentaria forma parte esencial de la mirada moderna, en la medida que renuncia a la visión holística de la realidad que había predominado en los siglos del Renacimiento, en favor de un acotamiento de la misma ante el desbordante campo del conocimiento proporcionada por la revolución industrial desde el siglo XIX, que exigía cada vez más división del campo del conocimiento en áreas especializadas. La mirada fragmentada en el plano artístico, a la que contribuyó de manera decisiva el encuadre fotográfico, ganaba así en intensidad, sacrificando la generalidad narrativa. A la vez, de modo consecuente, se cuestionaba otro gran principio renacentista, el de la jerarquía de planos, propio del método de la perspectiva lineal, considerada —y aún hoy, por muchos— como la "natural", cuando no dejaba de ser tan artificiosa e ideológica —ya lo subrayó Erwin Panofsky— como cualquier otro sistema de representación. Y esto es lo que nos brinda Ignacio Estudillo, un plano floral en las que flotan "ad libitum", sin guardar el orden jerárquico en la composición, unidos los elementos y separados solo por los matices de las tonalidades de color e intensidad de luces. Pura exaltación de la pintura.

El pájaro rojo, primer premio, de Agus Díaz Vázquez, se orienta en otra dirección. Aquí, forma y color se ordenan en un discurso simbólico, por tanto, con una preocupación de significado. Formas sencillas y esquemáticas impactan con fuerza sobre el fondo de la tela, semejan aquellos recortables de los que se valía Matisse en sus últimos años, cuando la enfermedad no le permitía levantarse de la cama. Algunas de esas formas son ya signos identitarios de la pintura

de Agus, como las picudas estrellas, tan próximas a los signos explosivos del cómic, en juego con la figura del pájaro, motivo principal que centra y domina la composición con un estertor de muerte, aunque también pueda interpretarse como el renacer del ave Fénix en la energía de su intenso color rojo. Signos de un vocabulario propio con el que el pintor afronta el amor y el dolor por la naturaleza en general y, en especial, por el paisaje rural de su lugar de origen, el Andévalo onubense, con el que se siente fuertemente vinculado. Un paisaje que sufre, como otros muchos, los embates de una civilización depredadora. En ese retorno a los orígenes, que confiesa el autor vivir y que plasma en su pintura, se entrecruzan los recuerdos de la infancia y la situación real de medio natural, su esplendor y sus amenazas. A su vez, símbolos de religiosidad popular, asociados con tradiciones procesionales de Semana Santa, se plastifican en este *Pájaro rojo*, que despliega las alas cual Crucificado o cual Resucitado, que se alza sobre calcinados árboles, cuyos troncos bien parecen columnas de tormento. Expresión de fuerza y gesto en la contraposición de rojos y negros, impuestos a las manchas delicuescentes de color sobre las que emergen.

Y como guiño de este homenaje a la Pintura se ha colocado, frontal a la entrada de la sala de Exposición, la pintura de Gloria Martín Montaño, *La Pizarra*, en el que la imagen del cuadro de Matisse — el pintor quizás haya sido el más ferviente cultivador de la pura esencia de la pintura—, *El Estudio rosa* (1911) proyectada sobre una pantalla y esta colgando sobre una pizarra hiperrealista, como si de una clase se tratara, nos invita a asistir a la Muestra.

Bienvenidos al aula de pintura de la UJA

Pedro A. Galera Andreu
Universidad de Jaén

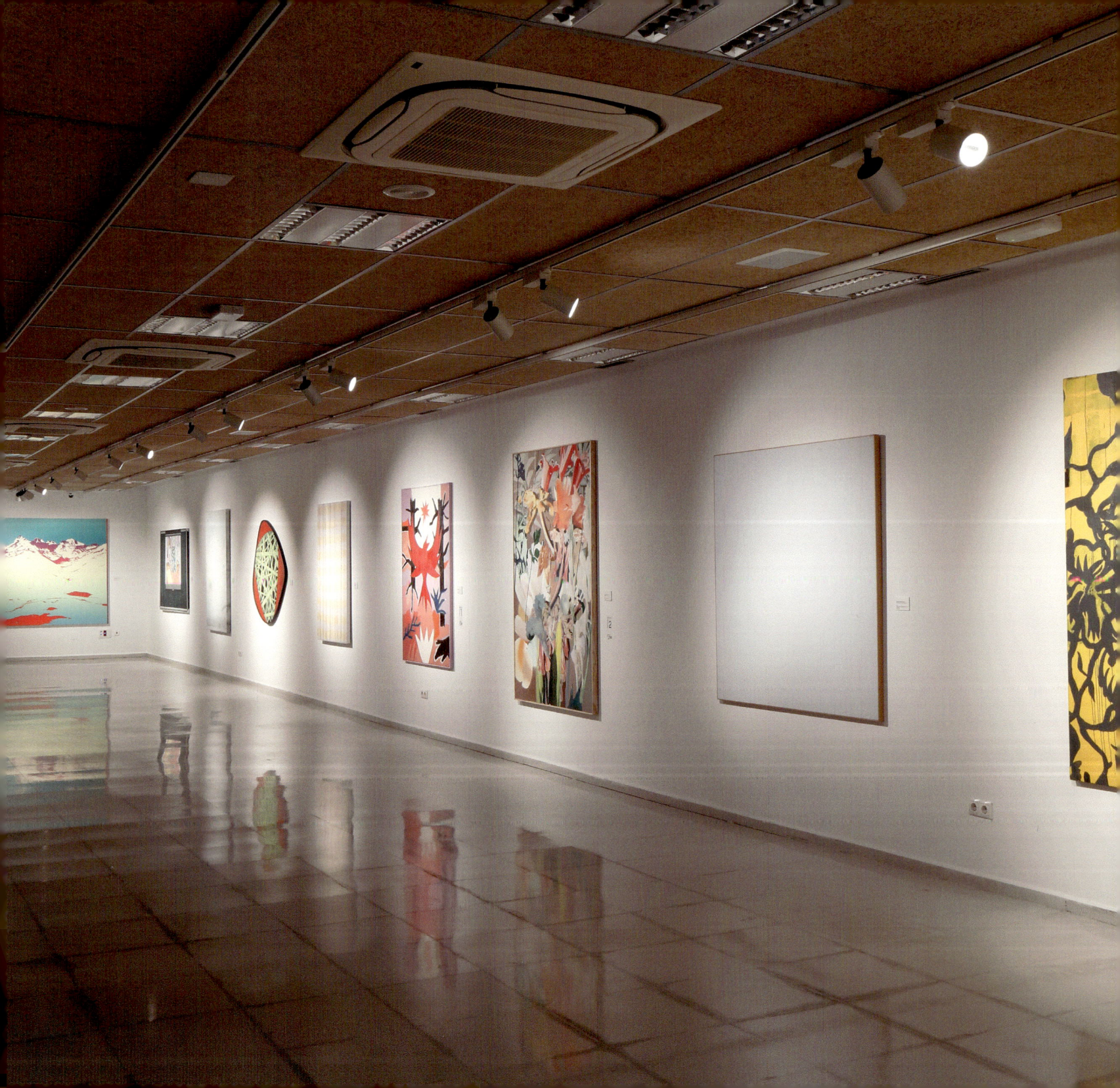

Apartir del Certamen Internacional de Pintura "Manuel Ángeles Ortiz" 2023, siempre tan cuidadosamente organizado y planificado, se va enriqueciendo, año tras año, los fondos artísticos de la Universidad de Jaén, siendo su VIII edición el nuevo paso que se ha dado y con la intención de hacer un camino largo y fecundo tanto para la institución como para la ciudad que la acoge. Esta colección es la crónica plástica de estos últimos años, mostrándose de la forma más sincera y ecuánime, persiguiendo que todas las tendencias y sensibilidades artísticas sean testigos privilegiados del devenir de este comienzo de siglo.

Con la selección de las obras más destacadas, de esta convocatoria como de las anteriores, se conforma la exposición que se ha creído más acertada, y que como en anteriores años ... siempre puede parecer lo mismo y siempre es diferente. Cuando pasas el umbral de los cuadros, me asalta la exaltación, tan propia de los sueños, la imaginación de los colores, los grandes formatos, la variedad temática y compositiva, las concesiones o no a la "academia".

Sentir la irrealidad de la metapintura del barroco (la pintura dentro de la pintura), donde el objeto, el cuadro, juega e interactúa con el espectador, como en las "Meninas", donde no se sabe quién mira a quién. Escenografías, retablos, cortinas, vanitas o trampantojos... detalles por los detalles, las luces y las contraluces, la rigidez de los hombres y mujeres frente a la vida de las estatuas, la belleza del defecto y lo inacabado, siendo la luz la que intercede en ese mundo de lo que se ve o de lo que quedará oculto.

En el escenario de este paseo onírico los cuadros se nos presentan como "objetos melancólicos", tan reales como las flores de Ignacio Estudillo, como objetos únicos e insustituibles , el "Pájaro Rojo" de Díaz Vázquez, deambulando por el "Jardín chino" de Mingyi Chou, por el que cruza con desaire gentil la "Niña de los Peines" de Pepa Cano, arrebatada por la presencia de "Artemisa Gentileschi" de J. Tornero, que mira el gesto agrandado de "Infinitud", un trazo de Kihong Chung, con los colores del sueño de las vanguardias históricas en un "Recuerdo de pétalos y palomas" de Enrique Rodríguez. Las notas en la "pizarra" nos recuerda los días de colegio y las tardes de deberes, mientras que Gloria Martin nos acompaña a esa puerta de salida "Entre dos blancos IV" pintados por Adrián Jorques; levantamos la vista para ver "Glitchland 3/07" y con el cielo tan lapislázuli y oro de S. Jiménez Donaire. El realismo de un paño de una cortina no rasgada de Pablo Fernández Pujol, dejando un "Espacio para el deseo" una "trama vital" de José Antonio Montecino. Al final, como en las horas noctámbulas, nos detenemos y nos centramos en la duda entre el deslumbramiento de "Sol y arco de Herradura" el cuadro de Ramón David Morales, o el azul oscuro casi negro tan mineral y magnético de las "Variaciones sobre el caos" de Juan Pita.

Y fue en ese instante, en ese ápice de tiempo entre la vigilia y el sueño, en el momento de irme, al traspasar el umbral de la puerta de salida de la sala de exposiciones, cuando me desperté.

Jesús Conde Ayala

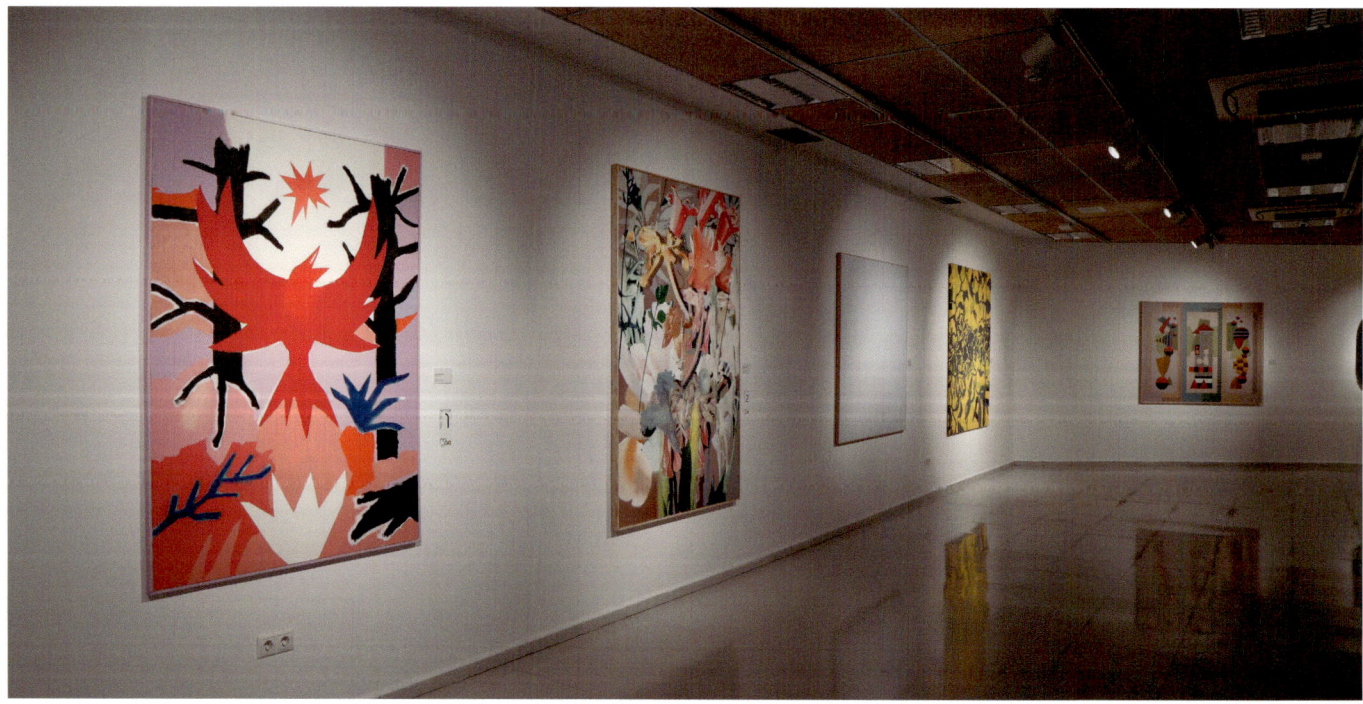

ENTRELAZOS

En la búsqueda de la expresión artística surge la necesidad de encontrar soluciones que logren la hazaña de la obra de arte. En este VIII Certamen Internacional de Pintura "Manuel Ángeles Ortiz" 2023 encontramos entre los finalistas y ganadores del premio dos cursos de ríos artísticos que podríamos concretar entre los que encuentran soluciones sintéticas y elaboradas. En suma, dualidades, como luces y sombras danzando en un eterno discurrir que tejen el complejo tapiz de la propia existencia. Como el día y la noche, como una película a color o en blanco y negro se revela la naturaleza dual de la vida. En esta danza constante, la síntesis y la complejidad nos recuerda que la dualidad no es un conflicto, sino un equilibrio. Así la dualidad no es dicotomía, sino un espejo en el que cada opuesto refleja la existencia del otro, creando armonía en la tensión y significado en la intersección de extremos.

Con todo esto entre los trabajos más sintéticos encontramos el Primer Premio con *Pájaro rojo* de Agus Díaz Vázquez, obra directa y de claras intenciones donde la síntesis y economía de medios se revela como una destilación del mensaje artístico. En una obra así, cada pincelada se convierte en un gesto preciso y certero invitando a quien lo observa a explorar la obra con agudeza y concentrarnos en su significado. En esta similar línea se encuentra *Espacio para el deseo - XV* de José Antonio Montecino, *Sin título* de Salvador Jiménez, *Entre dos blancos IV* de Adrián Jorques, *Sol y arco de herradura* de Ramón David Morales y *Recuerdo de pétalos y palomas* de Enrique Rodríguez, siendo estos dos últimos, piezas cuya geometría coquetean con el espacio, flujo de color y la tridimensionalidad de las formas.

En el plano de una elaboración formal más ardua encaja el exquisito organicismo de *+ flashy* de Ignacio Estudillo, al que se le ha otorgado el Segundo Premio. Aquí el trazo es un eco de la naturaleza, un tributo visual a la belleza efímera de las flores en su plenitud. No replica la realidad, la captura, la interpreta de una manera sumamente fluida. Son diferentes planos cromatísticos cuyos colores no hace más que resaltar la conexión entre la creatividad humana y un mundo floral. Por cierto, no hay nada más contemporáneo que enfrentarse a algo tan tradicional e histórico como una pieza floral, continuamos investigando y encontrando nuevas soluciones pictóricas.

En un plano muy similar podemos hablar de la obra *Sin título (Artemisia Gentileschi 02)* de María Carbonell, *La Pizarra* de Gloria Martín Montaño, *Espectros II* de Josep Tornero, *Glitchland 3/07* de Julio Sarramián, *Infinitud* de Kihong Chung y *Behind the curtain* de Pablo Fernández-Pujol.

Y, por último, y no menos interesante, siempre hay un espacio para obras donde catalogarlas en un lugar concreto es difícil, por tanto, podríamos hablar de un espacio intermedio, rincones ignotos de la realidad que desafían la dicotomía de los opuestos. Terreno donde la luz acaricia la sombra y la quietud se encuentra con el movimiento.

No son lugares puramente geográficos, sino también estados de la mente, donde la ambigüedad se convierte en un lienzo fértil para la creatividad. Entre el pasado y el presente estos lugares intermedios ofrecen un refugio para la exploración y la autenticidad, recordándonos que la belleza a menudo reside en la fluidez de lo indefinido. Entre estas líneas se encuentran obras como *El jardín de Chino* de Mingyi Chou, *La niña de los peines en el primer concurso de cante jondo de 1922* de Pepa Cano y *Variaciones sobre el Caos* de Juan Luis Pita. Destaca en este último apartado la labor procesal de Pepa Cano, quien nos lleva a la pintura a través del color de los hilos y el tejido, la pintura transformada en textura, donde la tela, como lienzo en si misma trasciende los límites tradicionales narrando historias visuales que van más allá de la superficie.

José Luis Puche

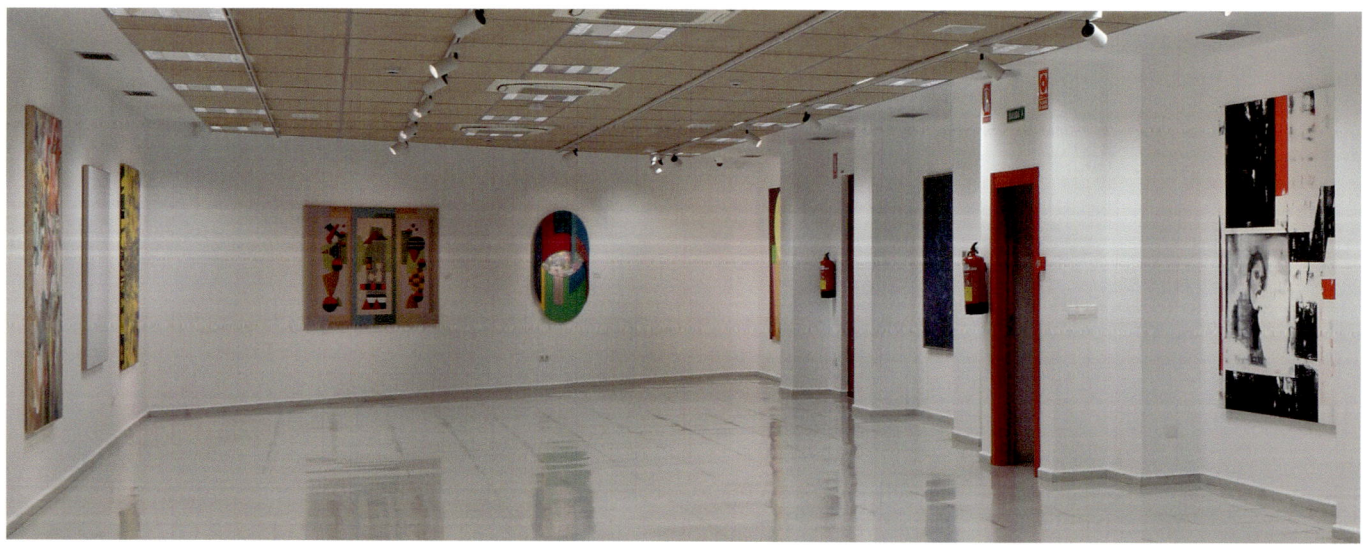

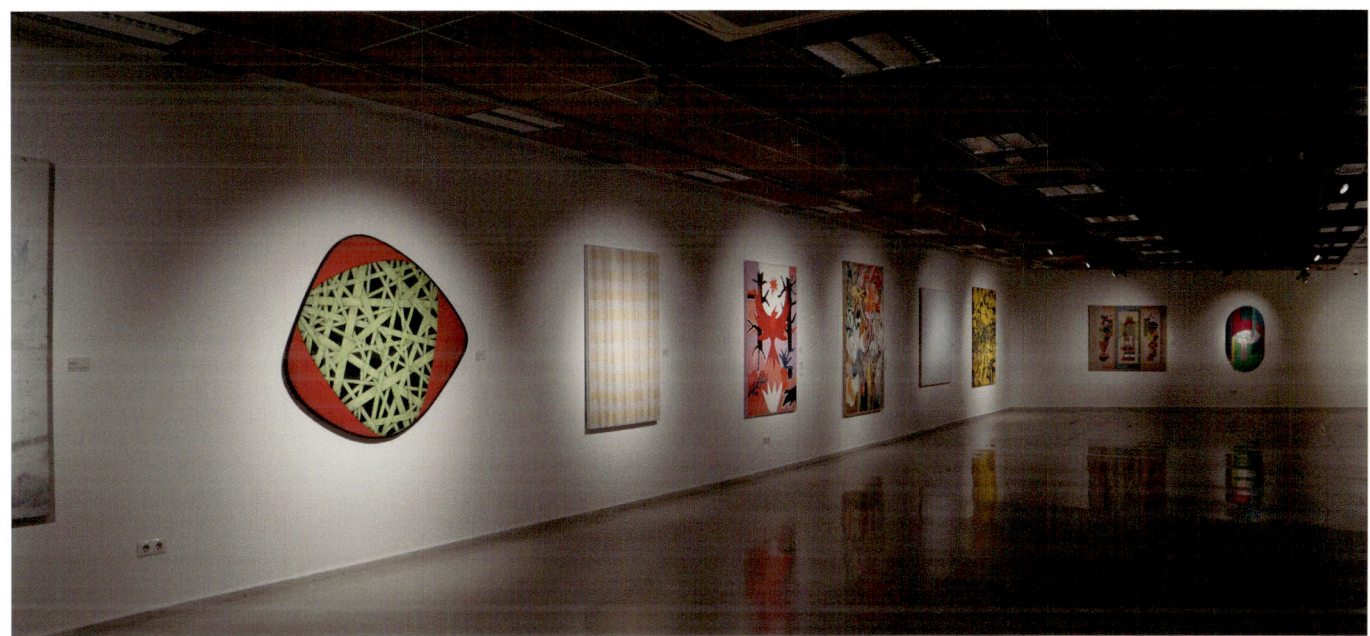

Nunca me gustó ser jurado de nada, pero en este caso, tengo que decir que disfruté. Disfruté porque no fue fácil la tarea de premiar las varias piezas que merecían alzarse con el primer premio; de hecho, hubo empate final. Ganó Agustín Díaz Vázquez con su maravilloso *Pájaro rojo*, una pintura tan rotunda como natural. En segundo puesto (pudo ser primero igualmente), Ignacio Estudillo Pérez con *+Flashy*, una bella y compleja figuración abstracta.

Cabe destacar, igualmente, a Enrique Rodríguez García (Guzpeña) con su elegante y precisa *Recuerdo de pétalos y palomas*, a Adrián Jorques con una contenida abstracción y a Salvador Jiménez Donaire con una arriesgada y sutil propuesta ortogonal.

En general, el nivel era bastante bueno, al menos diez piezas podrían haberse hecho con un galardón, pero los premios son los que son y la labor del jurado casi nunca es perfecta y siempre es compleja.

Santiago Ydáñez

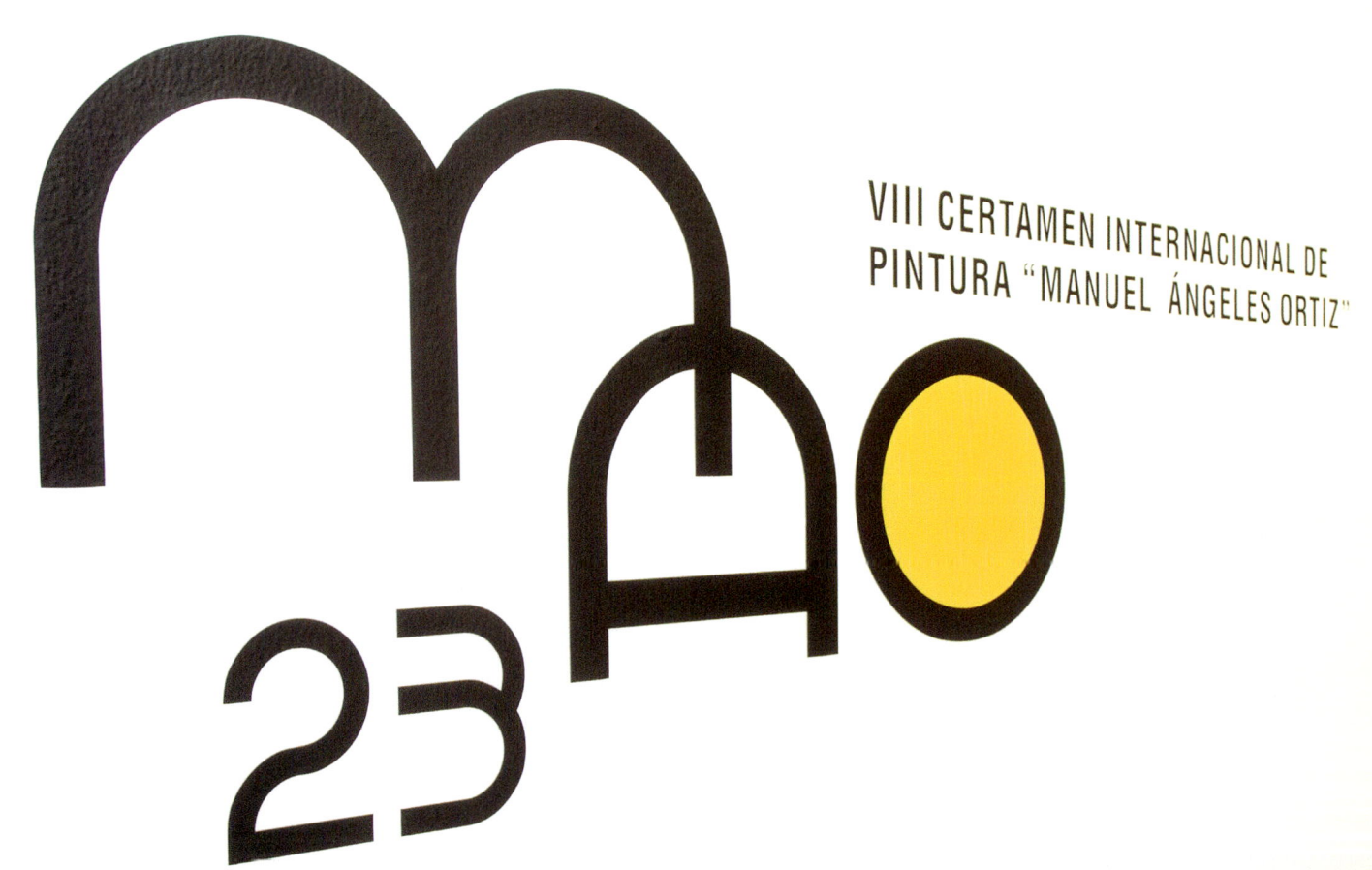

VIII CERTAMEN INTERNACIONAL DE
PINTURA "MANUEL ÁNGELES ORTIZ"

CATÁLOGO DE OBRAS

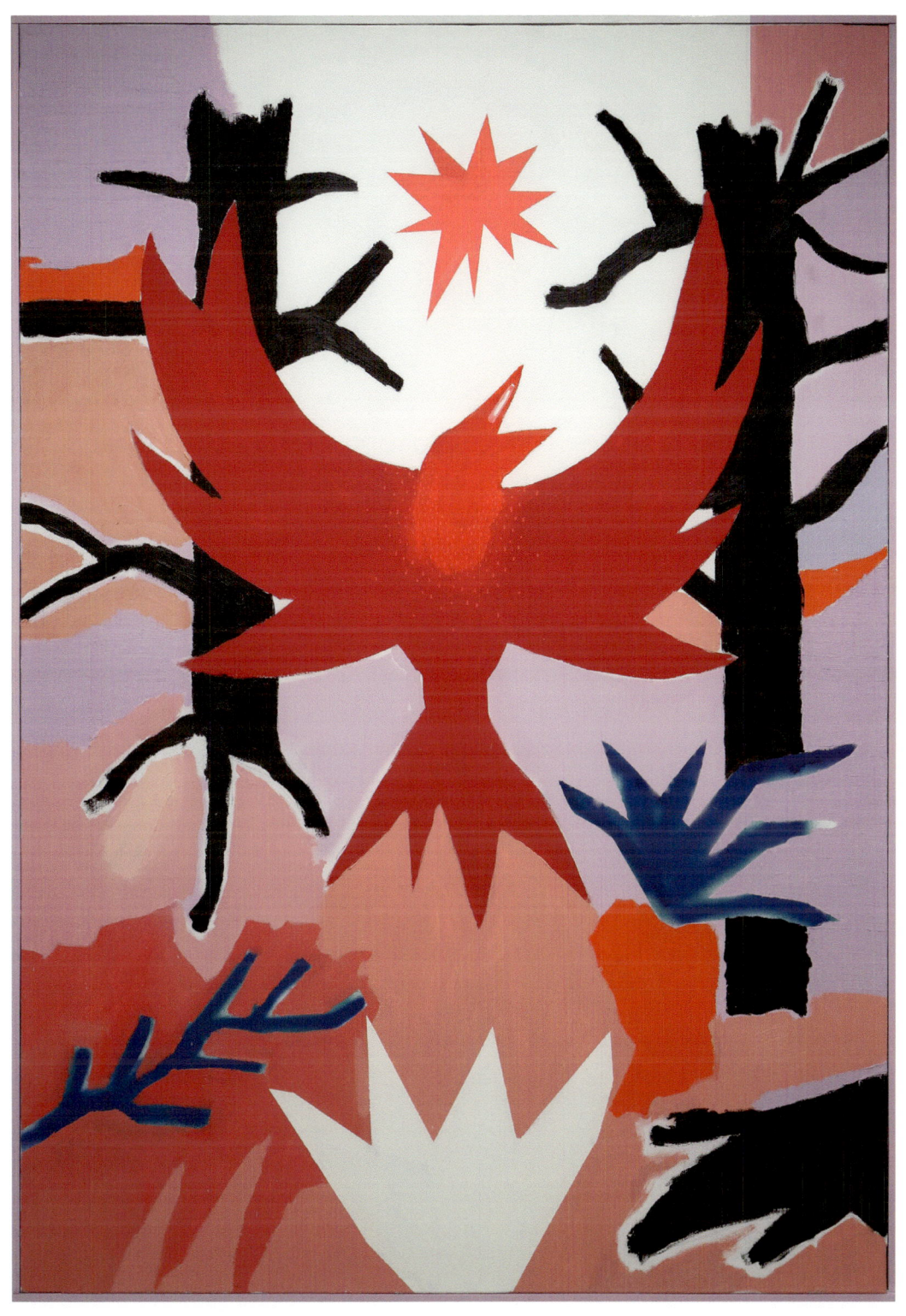

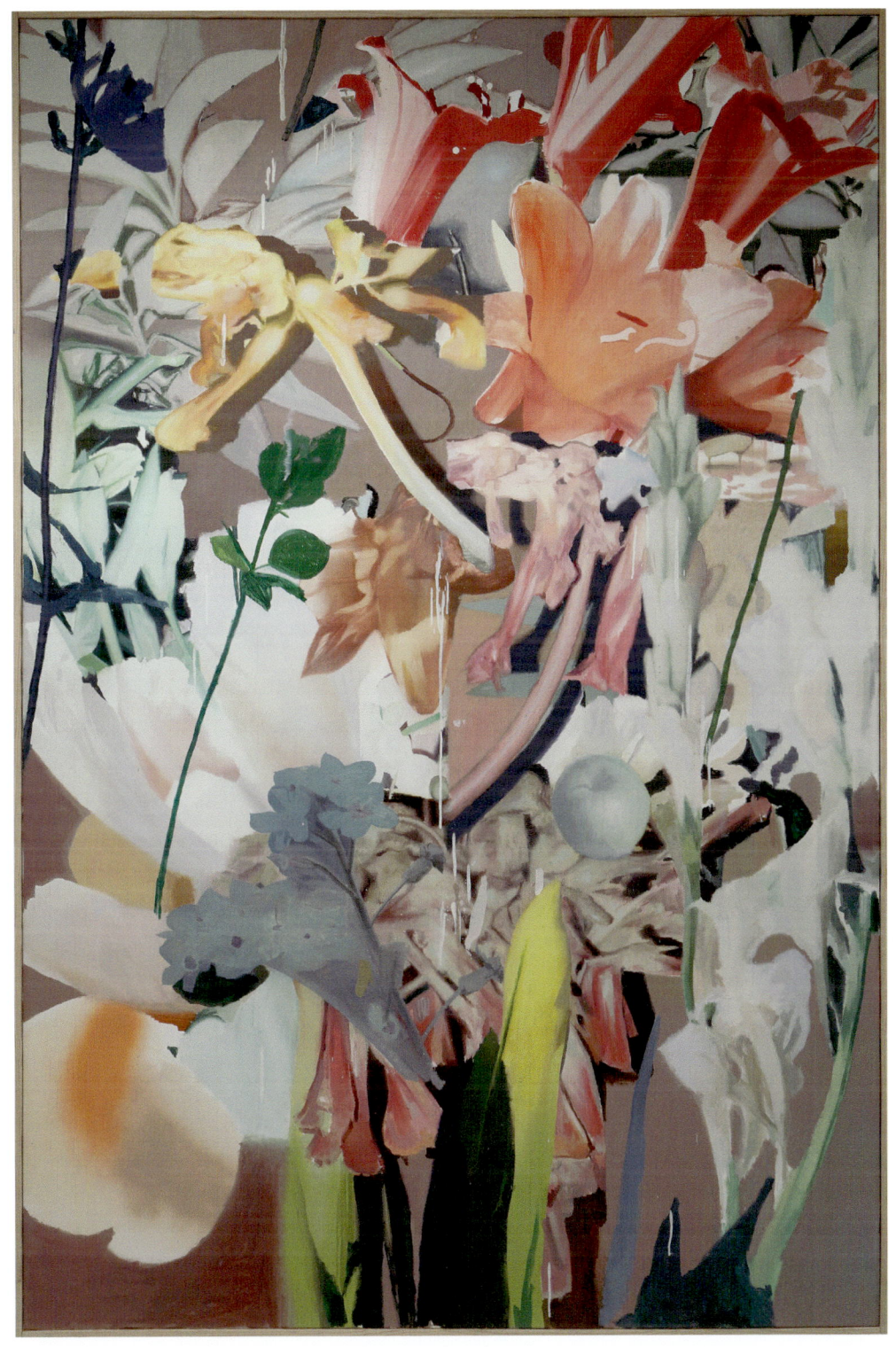

El jardín de Chino (2015)

Mingyi Chou (mingyi)

Acrílico y óleo sobre lienzo

149 x 175 cm

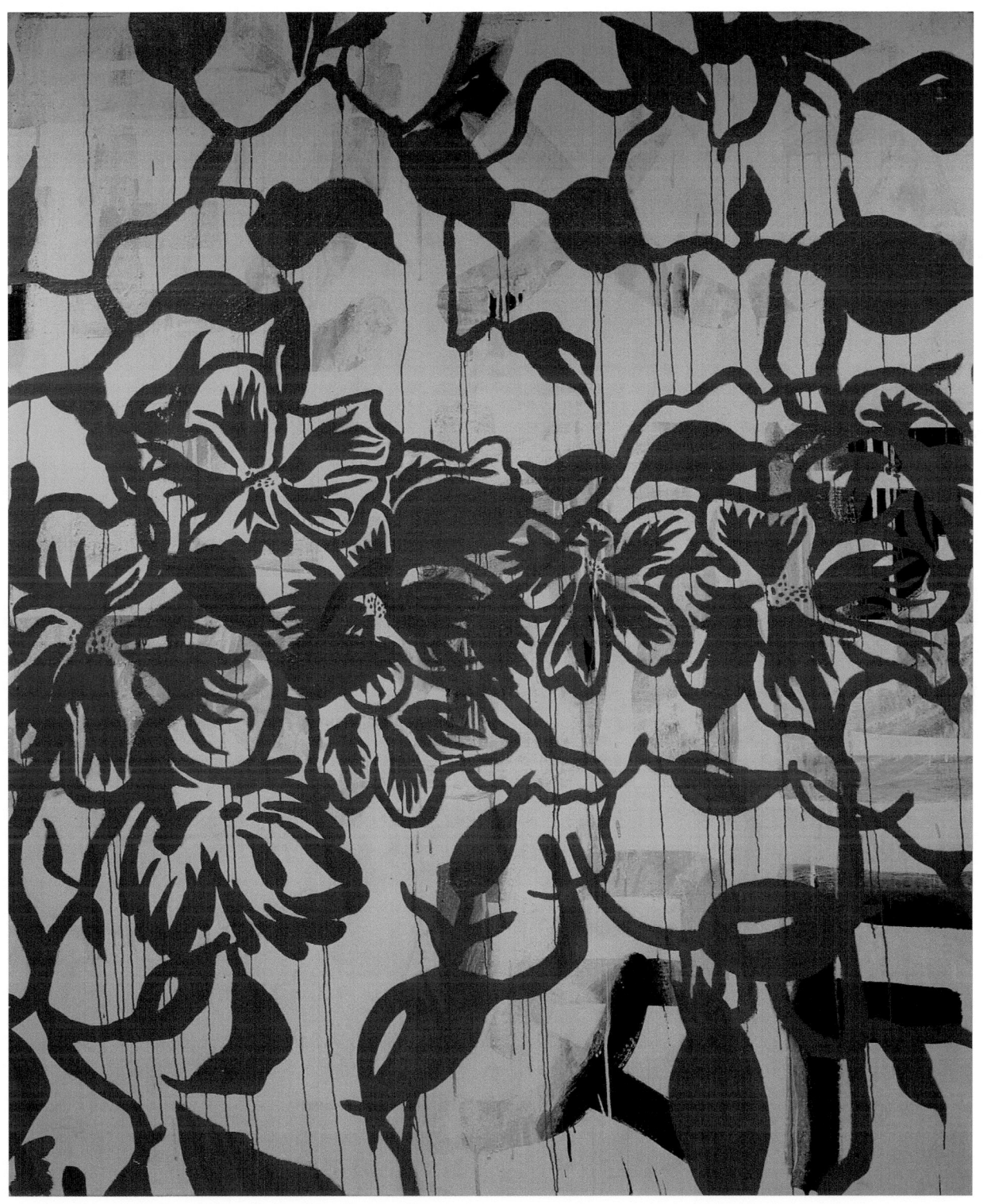

La niña de los peines en el primer Concurso de Cante Jondo de 1922 (2023)

Josefa Cano García (Pepa Cano)

Tejido cosido y flecos sobre bastidor de madera

140 x 81 cm

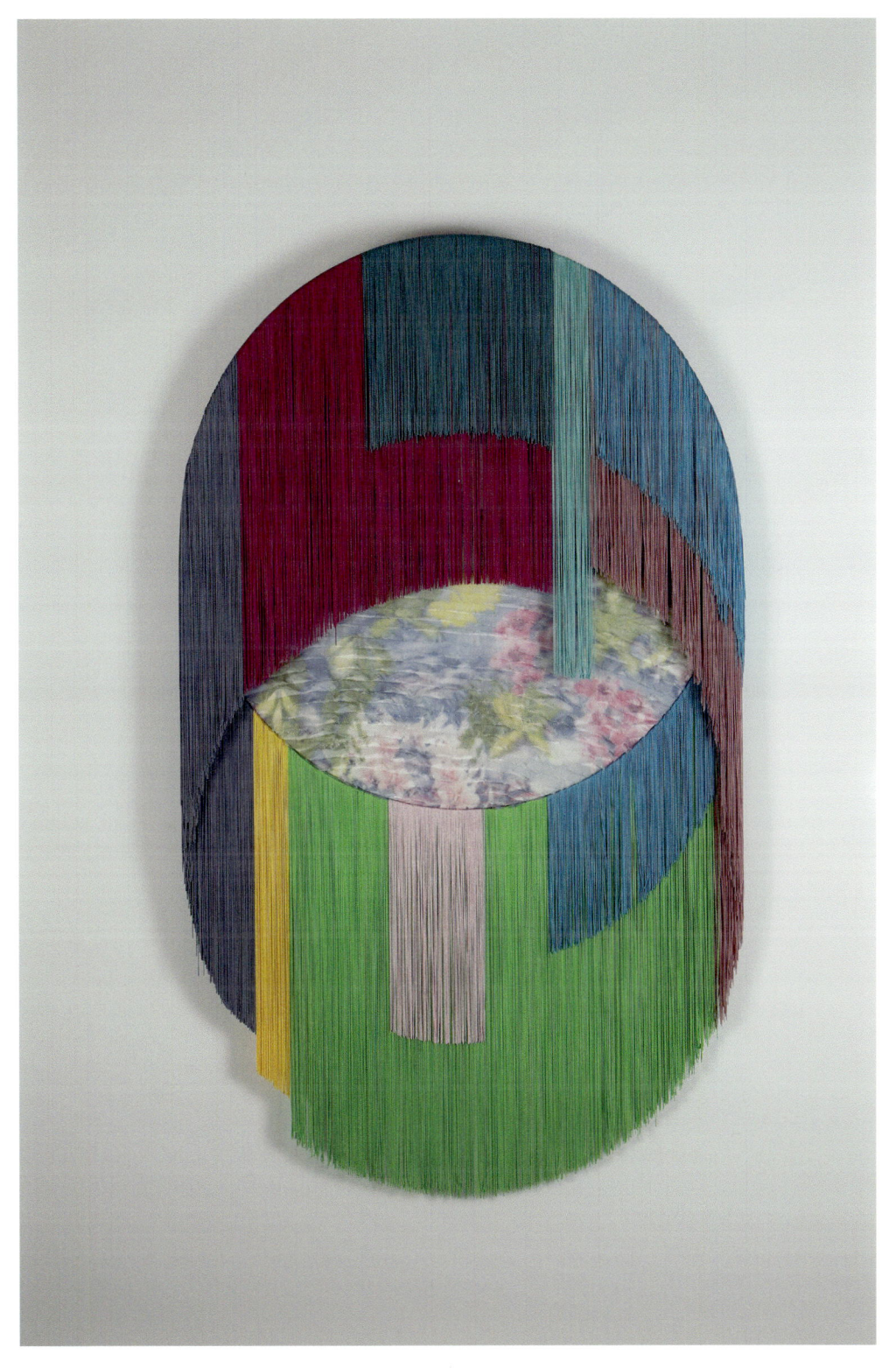

Recuerdos de pétalos y palomas (2020)

Enrique Rodríguez García (Guzpeña)

Acrílico sobre lienzo

130 x 162 cm

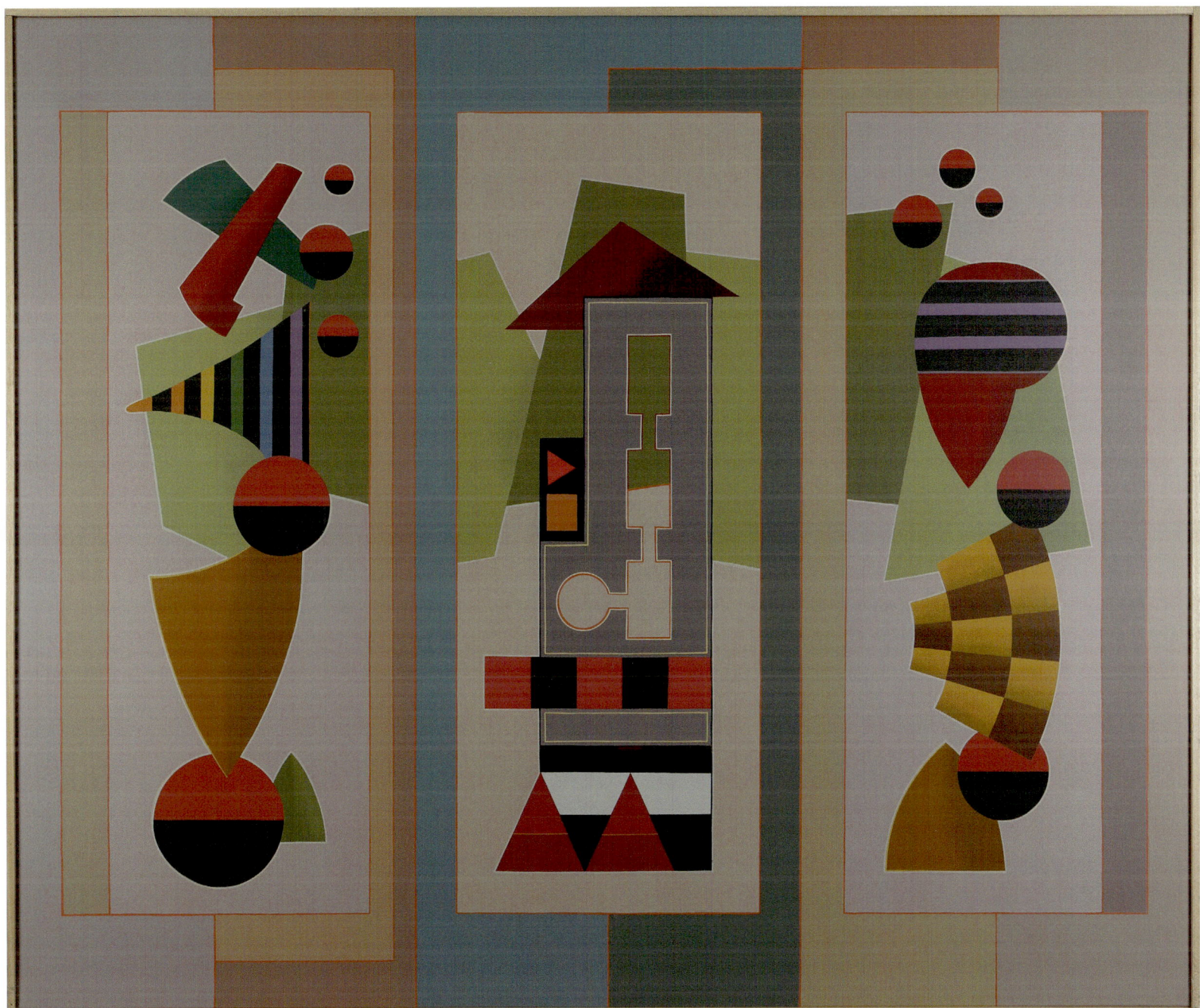

Sin título (estructura, lapislázuli, oro) (2023)

Salvador Jiménez-Donaire

Pigmento mineral y natural, gesso y punta de oro sobre madera

150 x 150 cm

Sin título (Artemisia Gentileschi 02) (2021)

María Carbonell Foulquié (María Carbonel)

Óleo, esmalte y espray sobre lienzo

180 x 180 cm

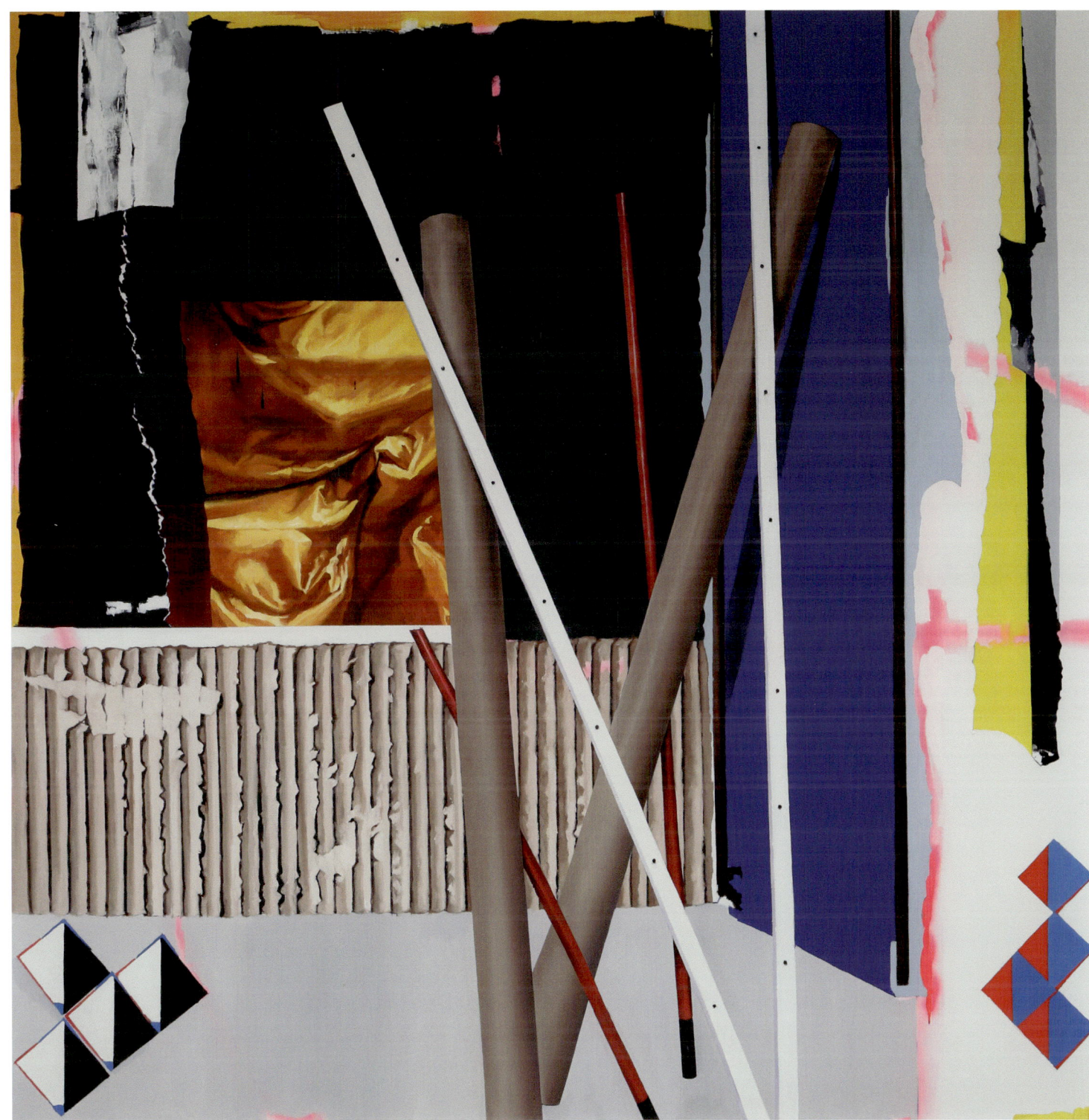

La pizarra (2023)

Gloria Martín Montaño

Óleo sobre lienzo

130 x 195 cm

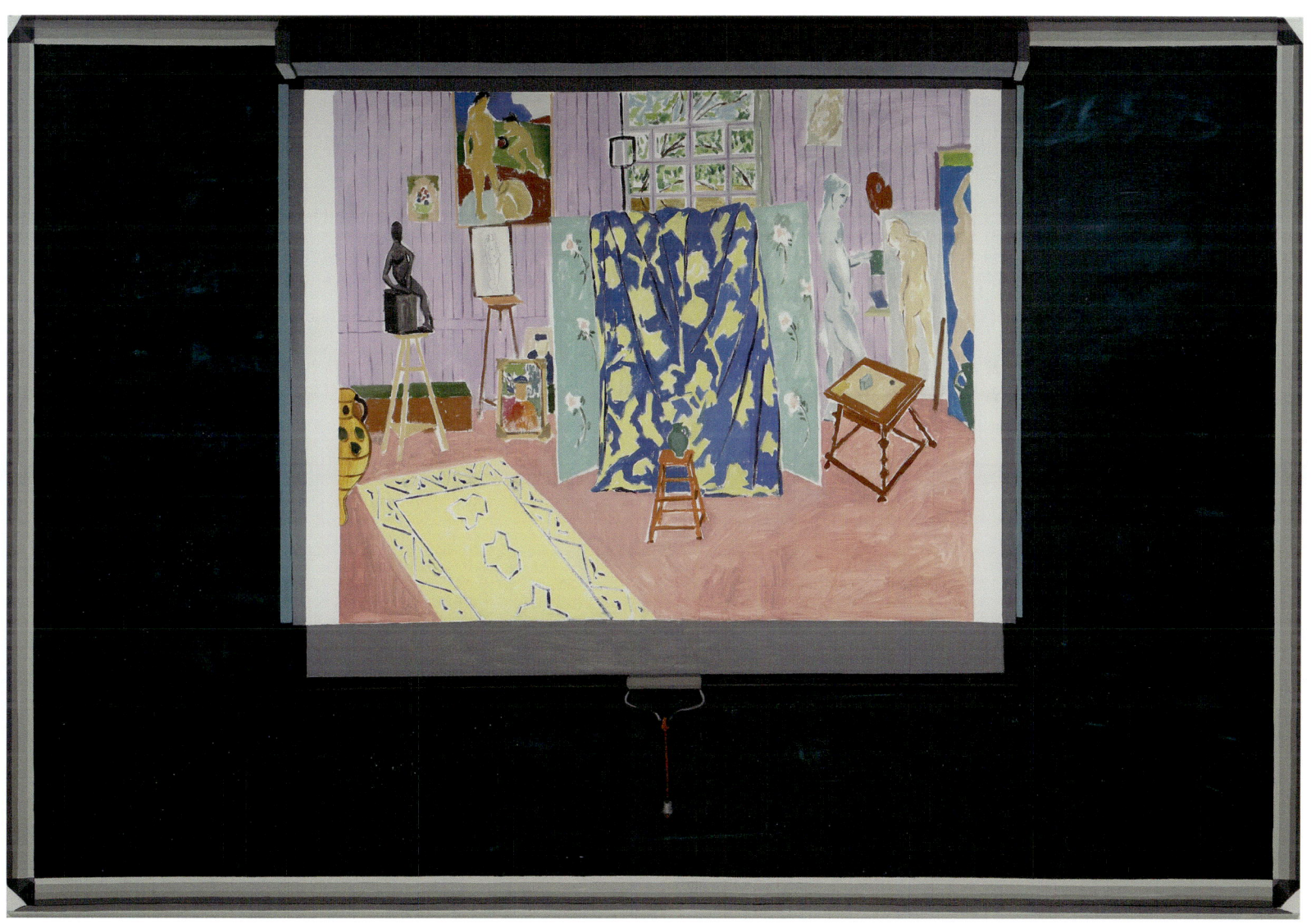

Espacio para el deseo – XV (2023)
José Antonio Montecino Prada (MONTE)
Acrílico sobre tabla
130 x 145 cm

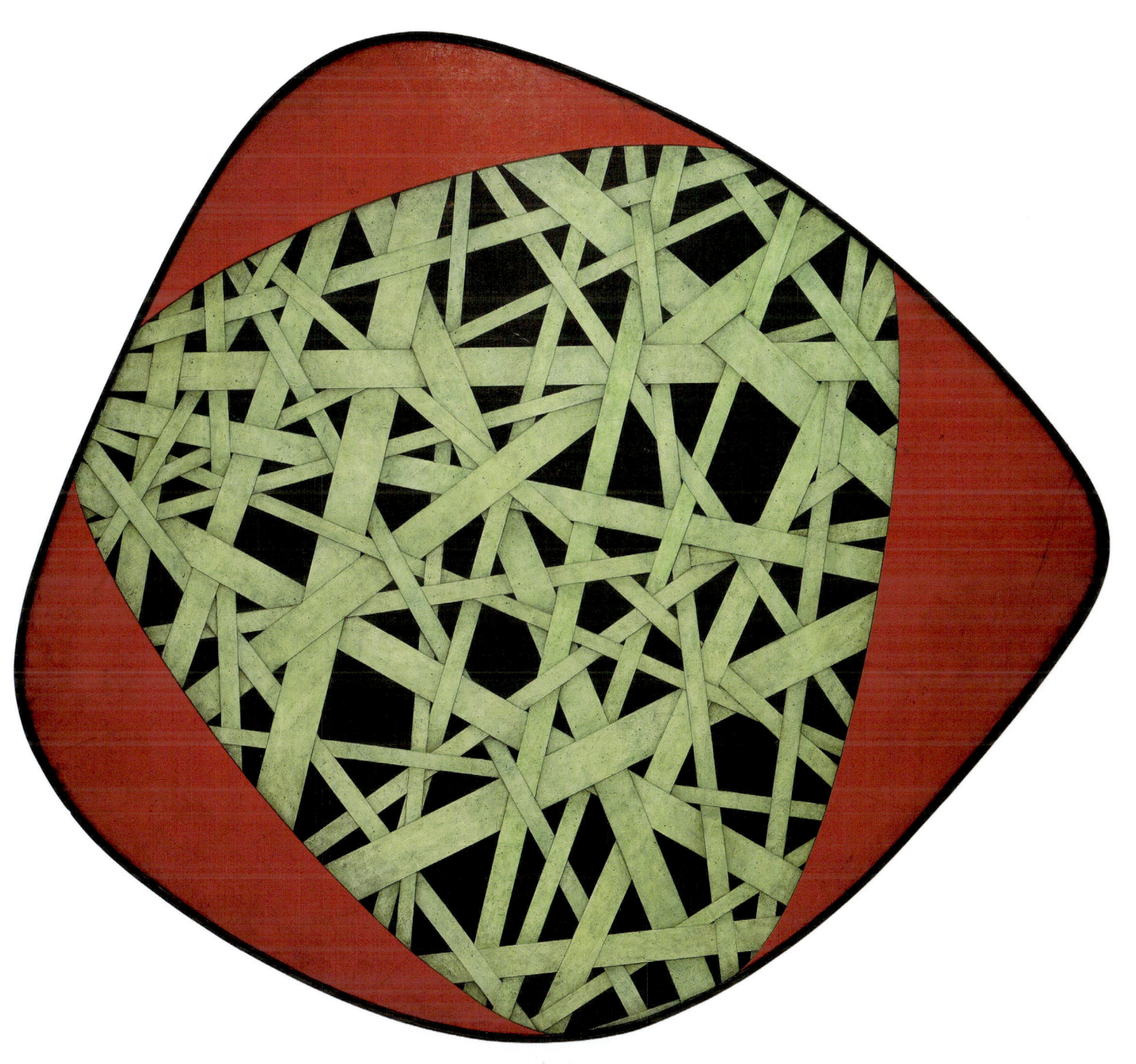

Espectros II (2023)

Josep Tornero Sanchis (Josep Tornero)

Óleo, esmalte y espray sobre lienzo

195 x 195 cm

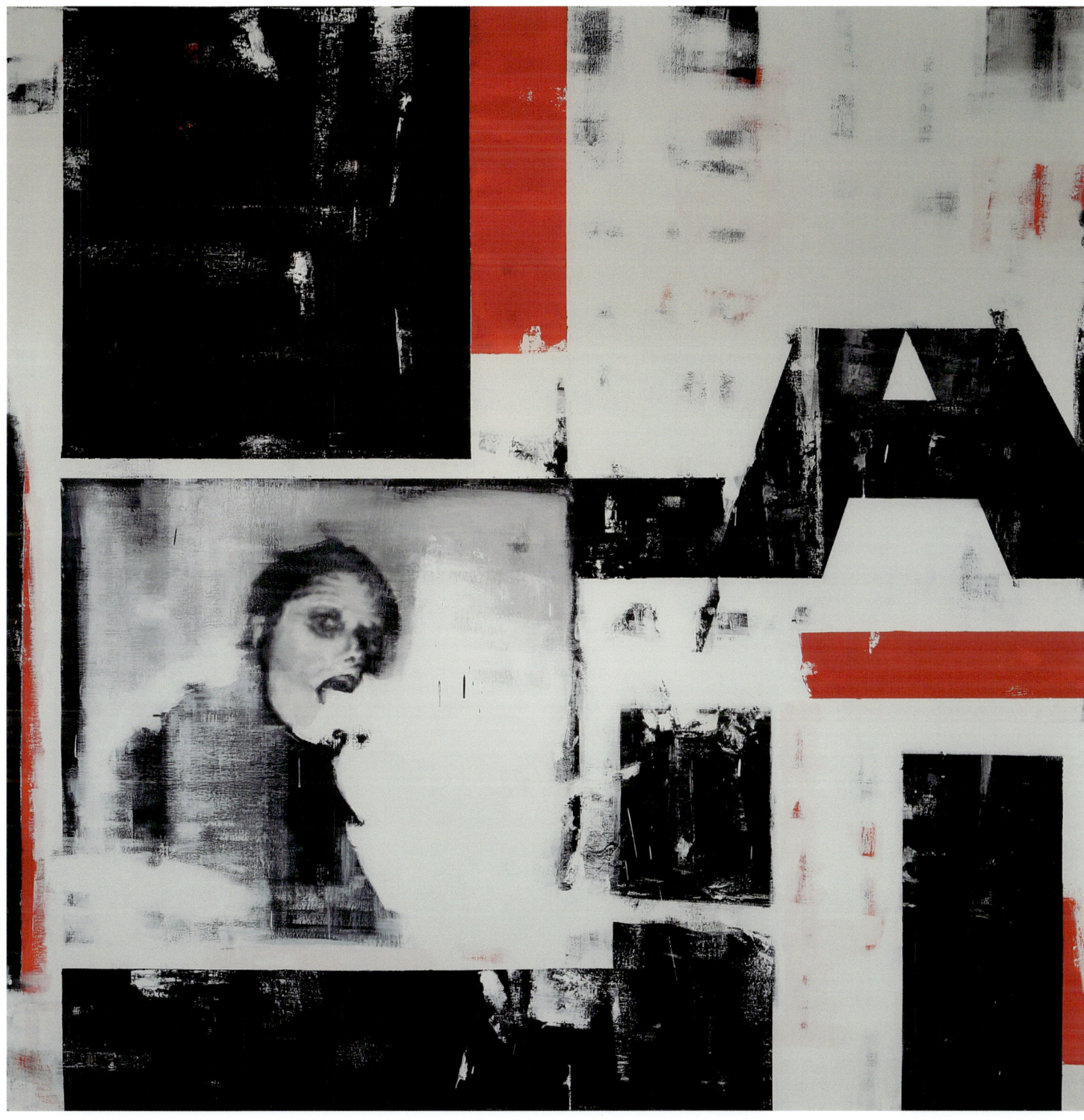

Glitchland 3/07 (2023)

Julio Sarramián Bernal (Julio Sarramián)

Óleo sobre lienzo

180 x 180 cm

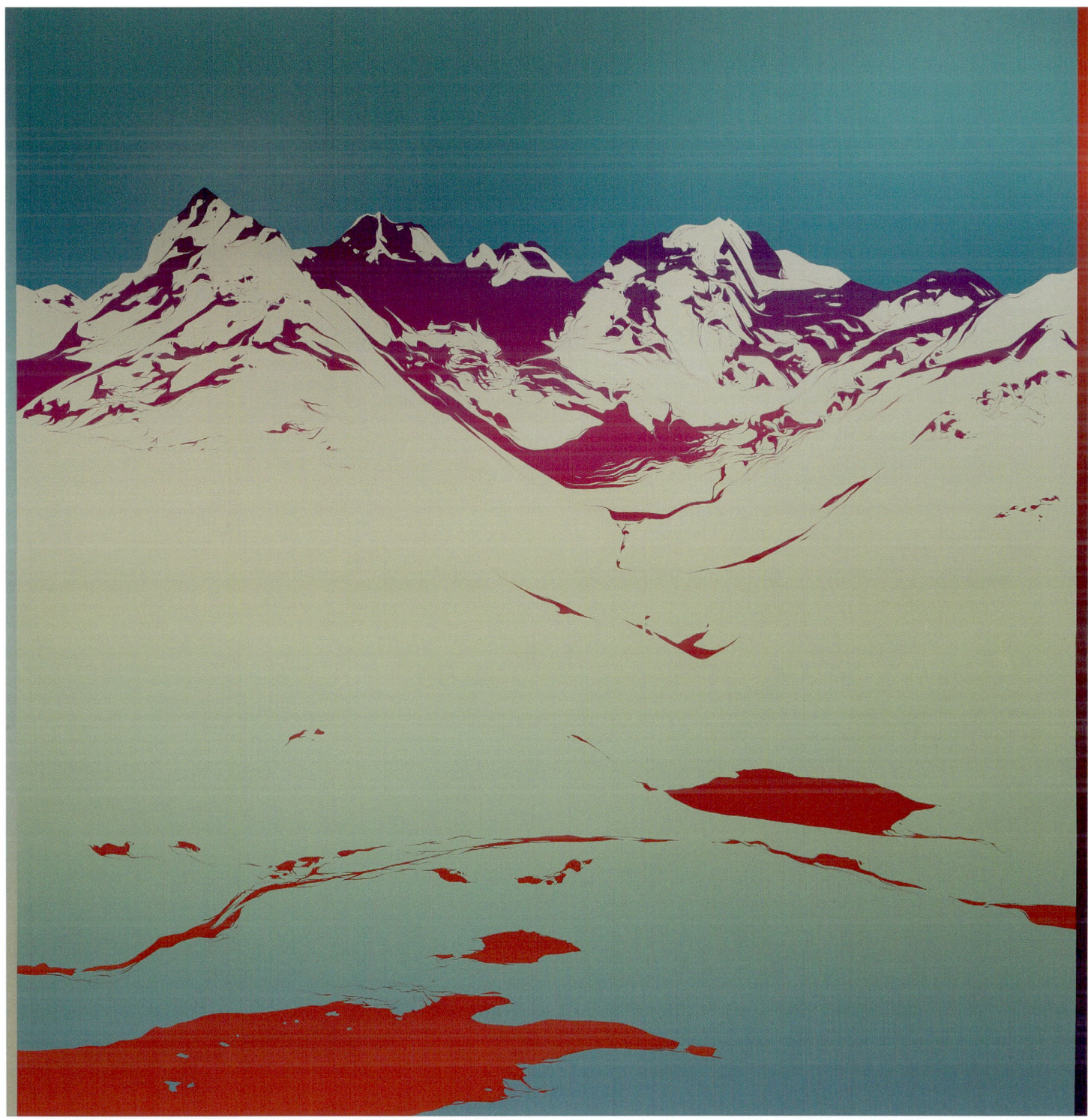

Entre dos blancos IV (2023)

Adrián Jorques Tortosa (Adrián Jorques)

Acrílico y espray sobre tela montada sobre tabla

170 x 120 cm

Sol y arco de herradura (2018)

Ramón David Morales García (Ramón David Morales)

Óleo sobre lienzo

195 x 162 cm

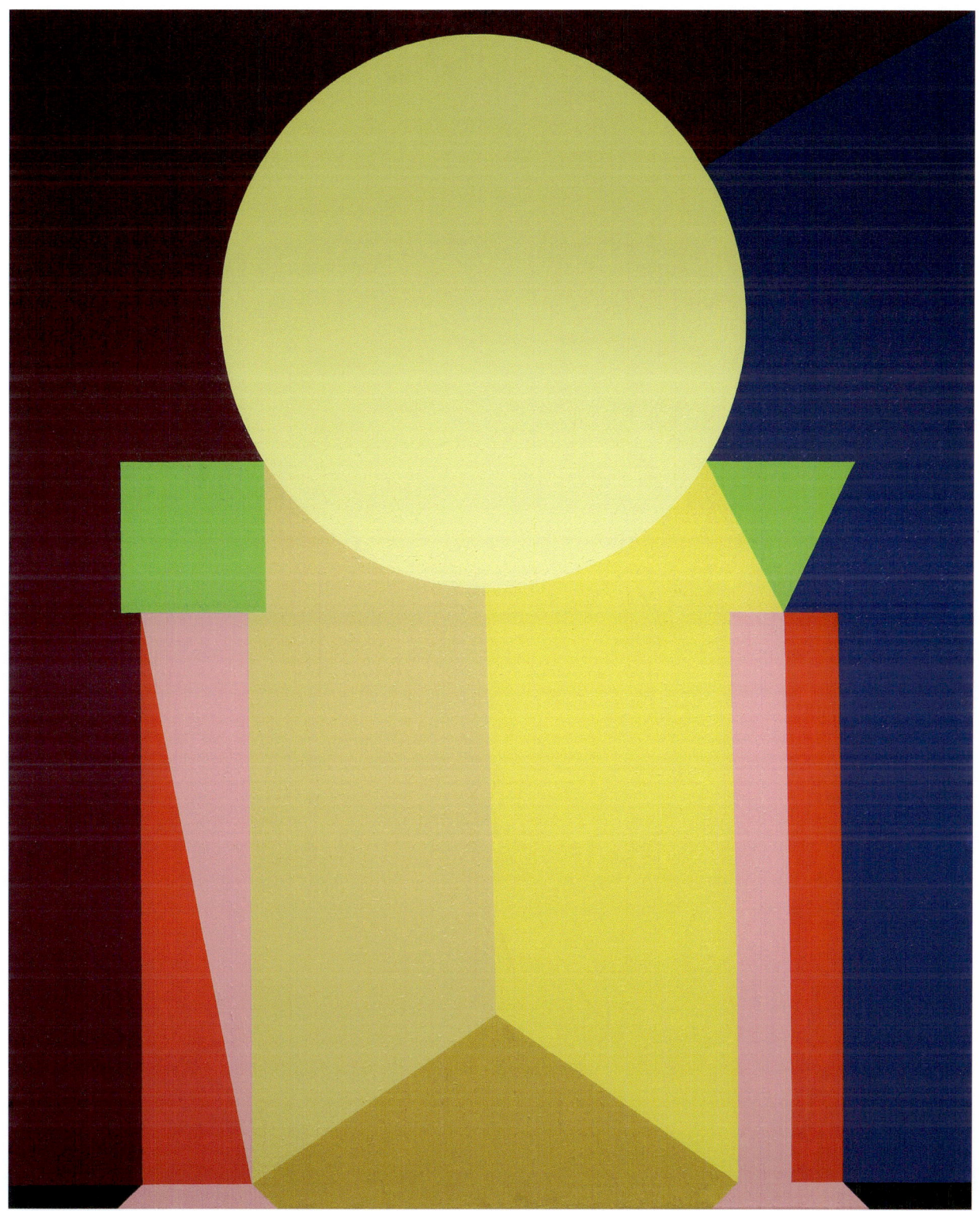

43

Infinitud (2022)

Kihong Chung

Tinta china y acrílico sobre lienzo

130 x 195 cm

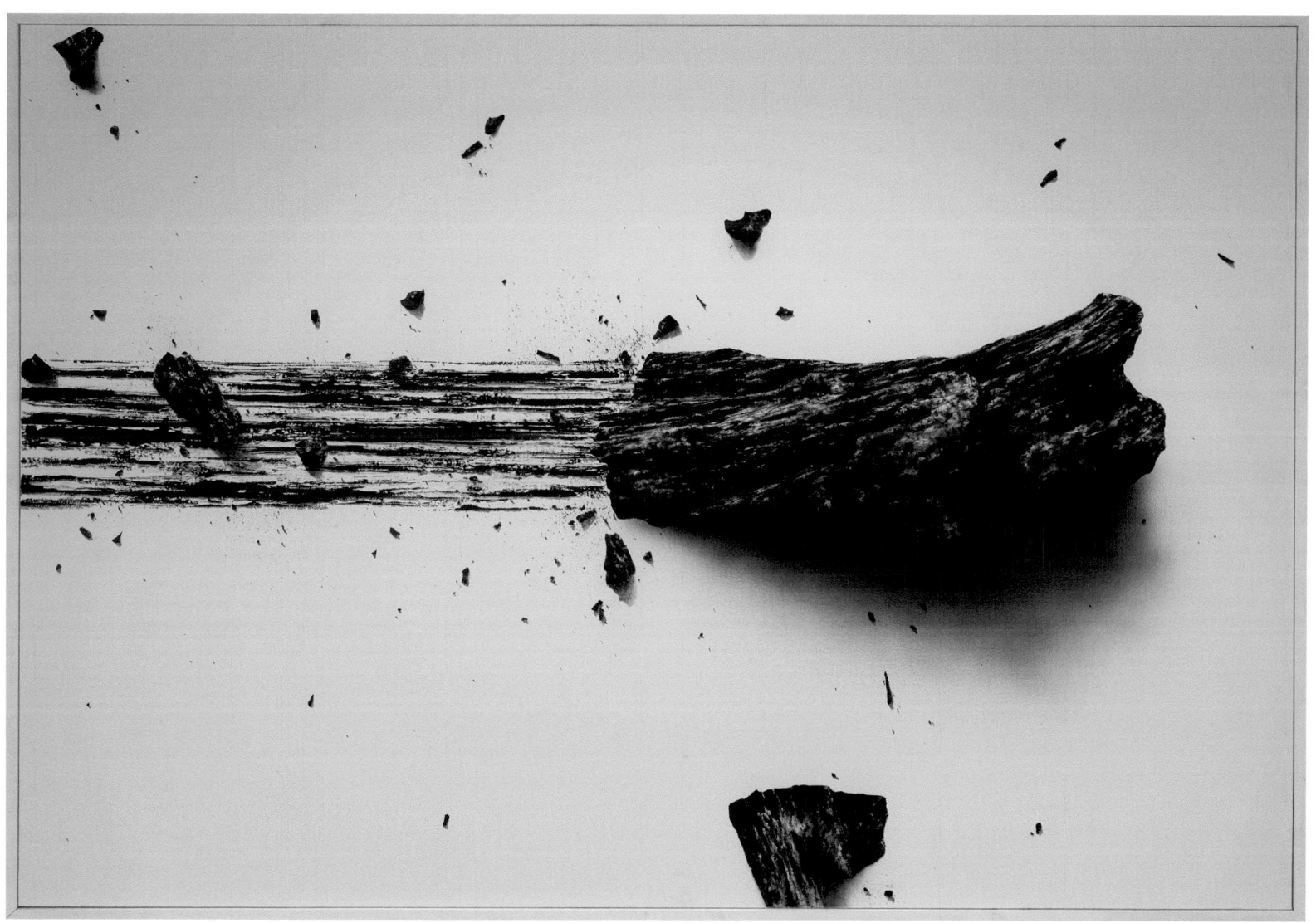

Behind de curtain (2023)

Pablo Fernández-Pujol

Óleo sobre lienzo

150 x 100 cm

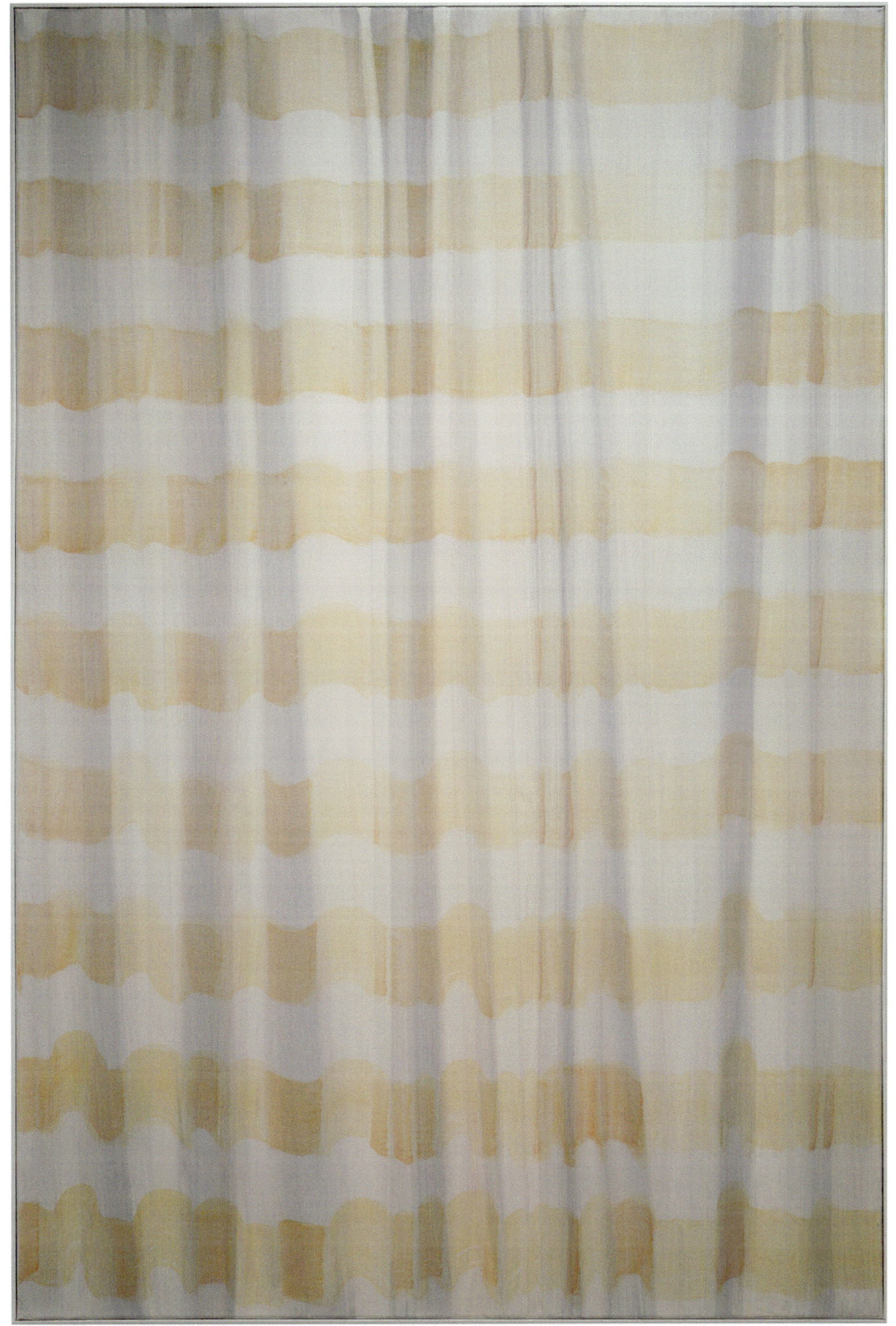

Variaciones sobre el caos (2019)

Juan Luis Pita Macías (Juan Pita)

Técnica mixta (collage-pintura acrílica y óleo) sobre lienzo

162 x 180 cm

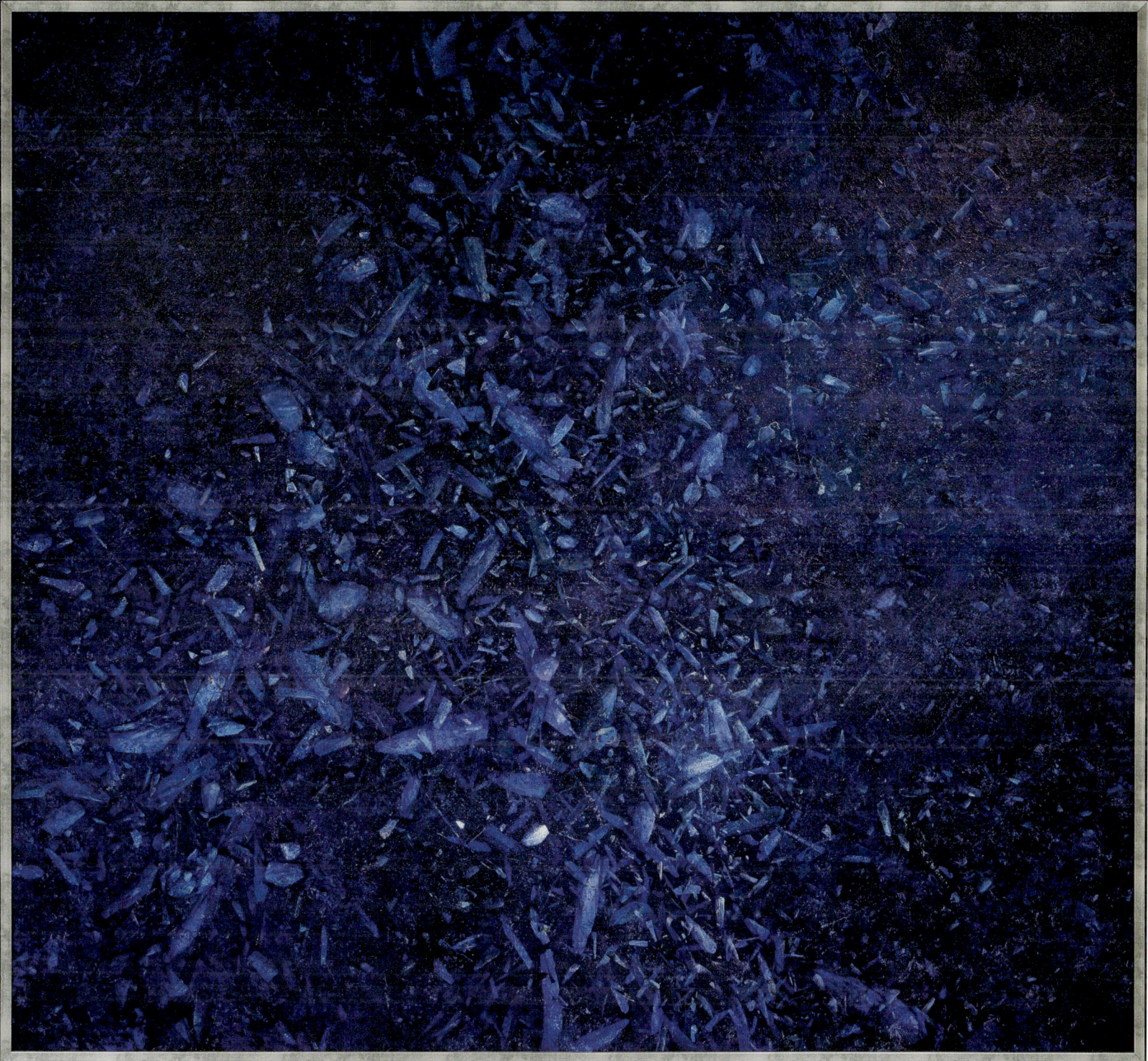

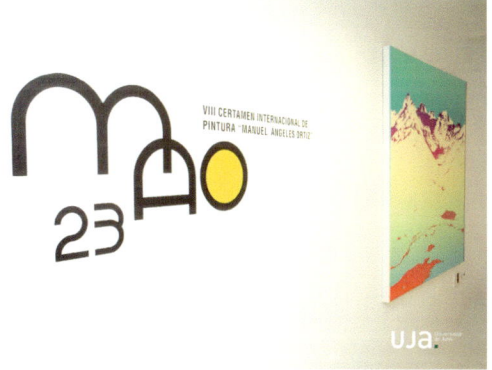
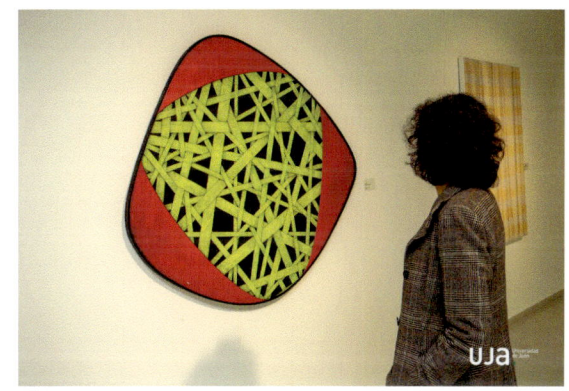
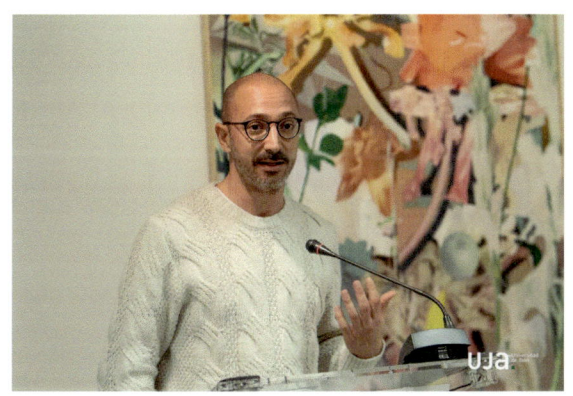
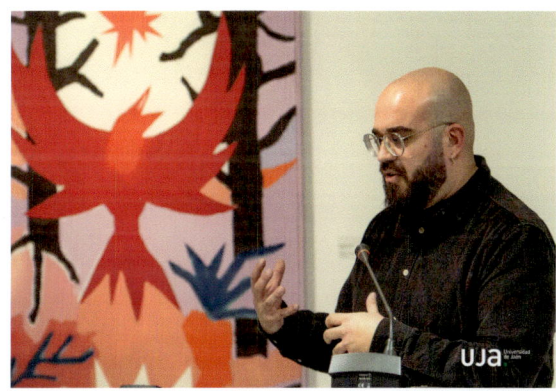
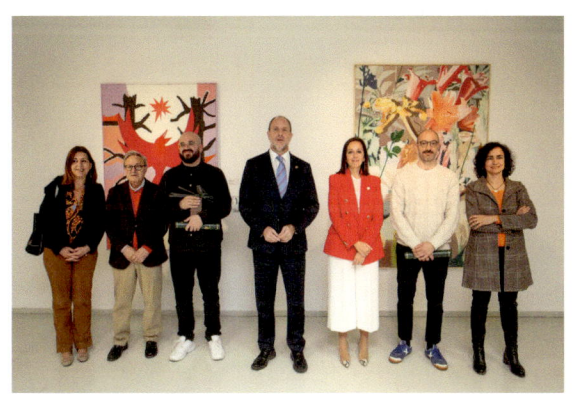
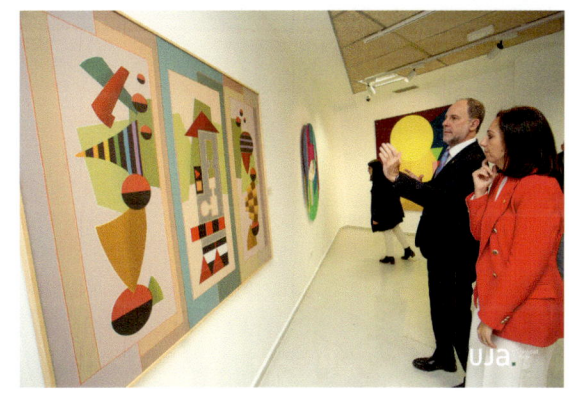

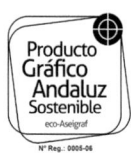
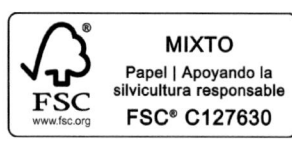